ENTRE RITA Y MIS OJOS, UN FUSIL

MAHMUD DARWISH (Palestina, 1942-Houston, 2008) se considera el poeta del pueblo palestino y uno de los más célebres literatos árabes. Su obra, con una marcada denuncia política, ha sido reconocida internacionalmente y traducida a más de veinte idiomas. En los años sesenta, fue arrestado en varias ocasiones por las autoridades israelíes debido a sus escritos y actividad política en contra de la ocupación de Palestina y tuvo que salir del país. En Beirut ingresó en la Organización para la Liberación de Palestina y, más adelante, entre Túnez y París, dirigió la revista literaria *Al-Karmel* y presidió la Liga de Escritores y Periodistas Palestinos. En su primera etapa como poeta, entre los sesenta y los ochenta, su obra se centró en la denuncia de la tragedia palestina y en la renovación estilística de la poesía árabe. Sobresale *Enamorado de Palestina* y *Nupcias* y fue distinguido con el Premio Lotus de literatura (1969) y el Premio Lenin de la Paz (1983). En los noventa, la poesía de Darwish fluyó hacia la metafísica y la introspección, así como hacia la recuperación de la mitología de Oriente Próximo. De este período, destacan los títulos *¿Por qué has dejado solo al caballo?* o *Como la flor del almendro o allende*. Su lírica, a través de la ironía y el juego, sobrepasó todos los límites y se tornó casi fantasmal. En la línea del «realismo metafísico» se le situó junto a poetas de la talla de Seamus Heaney, Derek Walcott, Czesław Miłosz, Zbigniew Herbert, Joseph Brodsky y Wisława Szymborska.

ENTRE RITA Y MIS OJOS, UN FUSIL

MAHMUD DARWISH

Selección y traducción de Luz Gómez

POESÍA PORTÁTIL

UN SER HUMANO

Le pusieron en la boca una cadena,
le ataron las manos a la roca de los muertos,
        y le dijeron: ¡Asesino!

Le dejaron sin comida, sin ropa, sin banderas,
le arrojaron al calabozo de los muertos,
        y le dijeron: ¡Ladrón!

Le expulsaron de todos los puertos,
le arrebataron a su pequeña amada,
        y luego le dijeron: ¡Refugiado!

¡Oh tú, que tienes los ojos y las manos en sangre viva!
La noche pasa,
ninguna celda de detención es eterna,
ni los eslabones de cadena alguna.
Nerón murió, pero no ha muerto Roma...
¡Lucha con los dientes!
El grano de una espiga que muere
llenará de espigas el valle.

CARNET DE IDENTIDAD

¡Apunta!
Soy árabe.
Número de carnet: cincuenta mil.
Hijos: ocho,
el noveno… llegará tras el verano.
¿Te da rabia?

¡Apunta!
Soy árabe.
Trabajo a destajo en la cantera con mi gente.
Ocho hijos,
para ellos rasco de las piedras
una hogaza,
ropa y cuadernos.
No suplico limosna a tu puerta
ni me achico
a la entrada de tu mansión.
¿Te da rabia?

¡Apunta!
Soy árabe.
Un nombre sin apellidos,
un tipo paciente en un país
en que la vida estalla de ira.

Mis raíces...
        antes del tiempo se hunden,
        antes de que contaran los siglos,
        antes del ciprés y el olivo...
        antes de que saliera la hierba.
Mi padre... es de la estirpe del arado,
        no de nobles señores,
y mi abuelo era un campesino
        –del pueblo que paga y calla–
        que me enseñó a quererme antes que a leer.
Mi casa, la cabaña de un guarda,
        de cañas y matojos.
¿Te parece bien cómo vivo?
¡Soy un nombre sin apellidos!

¡Apunta!
Soy árabe,
tengo el pelo color carbón,
y los ojos marrones.
Mis rasgos:

una kufiya en la cabeza con su cordón,
y la palma de la mano dura como piedra…
que raspa a quien la toca.
Mi dirección:
un pueblo perdido, olvidado,
de calles sin nombre
y con todos los suyos… en el campo o en la cantera.
¿Te da rabia?

¡Apunta!
Soy árabe,
al que robaron las viñas de sus abuelos
y una tierra que cultivaba
con sus hijos.
Solo nos dejaron, a mí y a todos mis nietos,
estos pedruscos…
¿Se los quedará
tu gobierno… como dicen?

¡Venga!
Apunta arriba de la primera página:
que no odio,
que no robo,
pero… que si tengo hambre
me comeré la carne de quien me ha deshonrado.
¡Cuidado… cuidado con mi hambre
y con mi ira!

A MI MADRE

Añoro el pan de mi madre,
el café de mi madre,
las caricias de mi madre…
Día tras día
en mí crece la infancia
y amo mi vida, pues
de morir
me avergonzarían las lágrimas
de mi madre.

Haz de mí, si vuelvo un día,
chal para tus pestañas,
cubre mis huesos con hierba
bautizada por tus puros talones,
átame
con un mechón de tus cabellos…
con una hebra del bordado de tu vestido…
Puede que me convierta en un dios,
que en un dios me convierta
si toco el fondo de tu corazón.

Ponme, si es que regreso,
como leña en la lumbre de tu fuego,
como cuerda de tender en la azotea de casa,
porque no puedo levantarme
sin tu oración de cada día.
He envejecido, devuélveme las estrellas de la infancia
para que comparta
con los pájaros más pequeños
la senda de regreso
al nido en que aguardas.

LA CÁRCEL

Ha cambiado mi dirección,
el horario de mis comidas,
mi ración de tabaco, me ha cambiado
el color de la ropa, la cara, la figura,
y hasta la luna
–tan querida aquí–
es más grande y dulce que nunca.
El olor de la tierra: perfume;
el sabor de la naturaleza: azúcar.
Como estar en la azotea de mi vieja casa
y que una estrella nueva
se clavase en mis ojos.

LA VOZ DEL OLIVAR

Un eco
llegó del olivar…
¡Yo estaba crucificado a fuego!
Les decía a los cuervos: No me devoréis,
puede que vuelva a casa,
que el cielo rompa a llover
y apague
¡este madero voraz!

Un día bajaré de la cruz,
y no sé…
¿volveré descalzo… desnudo?

RITA Y EL FUSIL

Entre Rita y mis ojos… un fusil.
Quien a Rita conoce, se postra
y reza
al Dios de sus ojos de miel.

… Besé a Rita
cuando niña,
aún recuerdo cómo… se pegó
a mí: una trenza preciosa cubrió mi brazo.
Recuerdo a Rita
como el pájaro a la charca.
Rita, Rita…
Teníamos un millón de pájaros y de fotos,
y mil citas,
y contra todo abrió fuego… un fusil.

El nombre de Rita le sabía a fiesta a mi boca,
el cuerpo de Rita se desposaba en mi sangre.
En Rita me perdí… dos años,

durmió en mi regazo dos años,
nos prometimos ante el cáliz más bello,
ardimos en el vino de dos labios,
nacimos dos veces.
Rita, Rita...
Nada privaba a mis ojos
de los tuyos, si acaso nuestras cabezadas
o alguna nube de miel,
hasta que irrumpió... aquel fusil.

Érase que se era,
oh silencio del atardecer,
una mañana en que mi luna partió
con los ojos de miel.
La ciudad
barrió a los rapsodas, y a Rita.
Entre Rita y mis ojos... un fusil.

LOS PÁJAROS MUEREN EN GALILEA

–Nos encontraremos de aquí a poco,
en uno
o dos años
y una generación…
Ella hace fotos
a veinte jardines
y a los pájaros de Galilea.
Y se va en busca, tras el mar,
de un nuevo significado para la verdad.
–Mi patria es la cuerda de tender
los pañuelos de sangre derramada
a cada instante.
Y me tumbo en la playa,
arena… y palmeras.

Ella no sabe nada –
¡Ay, Rita! La muerte y yo te hemos dedicado
el secreto de la alegría que se marchita en los mostradores
de las aduanas,

y hemos revivido, la muerte y yo,
con tu primer beso
y la ventana de tu casa.
La muerte y yo, dos caras –
¿Por qué huyes de mi rostro ahora?
¿Por qué?
¿Por qué huyes ahora de lo que
hace al trigo ser pestañas de la tierra,
al volcán otra cara del jazmín?

En la noche, solo me cansaba su silencio
cuando se extendía delante de la puerta
como la calle... como el barrio viejo.
Que sea como tú quieres –ay, Rita–
que el silencio sea un hacha
un marco de nubes
o buen tiempo para que el árbol para.
Da igual, yo sorberé el beso
en el filo de un cuchillo,
ven, ¡suménonos a la masacre!

Como hojas caducas han caído
las bandadas de pájaros
en los pozos del tiempo...
Y yo, que les he arrebatado las plumas azules,
Rita,

soy la lápida de una sepultura que se agranda,
Rita,
soy el que en la piel tiene
grabada por los grilletes
una imagen de la patria.

PASAPORTE

No me reconocieron en las sombras que
empañan mi color en el pasaporte.
Tomaron mi herida por una muestra
para la colección de postales de un turista.
No me reconocieron... Ah, no prives
de sol a la palma de mi mano,
porque los árboles
sí me conocen...
    me conocen todas las canciones de la lluvia,
no me dejes pálido como la luna.

Todos los pájaros que persiguió
la palma de mi mano a la entrada del lejano aeropuerto
todos los campos de trigo
todas las cárceles
todas las tumbas blancas
todas las fronteras
todos los pañuelos que se agitaron
todos los ojos

estaban ahí conmigo, pero ellos
los borraron del pasaporte.

¿Despojado de nombre, de pertenencia,
en un suelo labrado con mis propias manos?
Hoy el grito de Job ha llenado el cielo:
¡No hagáis un remedo de mí!

Señores, señores profetas,
no preguntéis su nombre a los árboles,
no preguntéis por su madre a los valles:
de mi frente emerge la espada de la luz,
y de mi mano brotan las aguas del río.
Todos los corazones… son mi nacionalidad:
¡vamos, retiradme el pasaporte!

TENEMOS EL VIENTO EN CONTRA

Tenemos el viento en contra, el viento del sur se alía
con nuestros enemigos. Y el paso
se estrecha. Alzamos los estandartes de victoria ante las
tinieblas, ojalá las tinieblas alumbraran. Andamos de
noche
sobre el árbol de los sueños. ¡Oh tierra final, difícil sueño!
¿Aún existes?
Y escribimos por milésima vez sobre el último aire: Morimos,
pero no pasarán.
Y seguimos nuestras voces para hallar una luna entre ellas,
y cantamos para asustar a las piedras.
Y marcamos nuestros cuerpos con el hierro... los marcamos
con hierro... y brota un río.
Tenemos el viento en contra, el viento del norte se alía
con el viento del sur y gritamos: ¿Dónde nos quedamos?
Y pedimos a las hadas de los cuentos que alguien cuando
muertos nos quiera. Y el águila se lanza en picado

sobre nosotros. Y seguimos a nuestros sueños para verlos,
y nos siguen de cerca para vernos aquí. Es inevitable.
Y nosotros perseveramos en lo que parece la muerte en
vida. Y esto que parece la muerte es la victoria.

SOBRE ESTA TIERRA

Sobre esta tierra hay por qué vivir: los titubeos de abril, el olor del pan al amanecer, el amuleto que una mujer le da a un hombre, las obras de Esquilo, los comienzos del amor, la hierba sobre una piedra, madres en vilo por el hilo de una flauta, y el miedo de los invasores a los recuerdos.

Sobre esta tierra hay por qué vivir: los últimos días de septiembre, una mujer que sale de los cuarenta como melocotón maduro, la hora del sol en la cárcel, nubes que semejan un tropel de criaturas, los vítores de un pueblo a quienes encaran risueños la muerte, y el miedo de los tiranos a las canciones.

Sobre esta tierra hay por qué vivir: sobre esta tierra señora de la tierra, madre de los inicios y madre de los finales. Se llamaba Palestina. Se sigue llamando Palestina. Mi señora: yo tengo, porque tú eres mi señora, tengo por qué vivir.

VENDRÁN OTROS BÁRBAROS

Vendrán otros bárbaros. Será raptada la mujer del
emperador. Sonarán los tambores.
Suenan los tambores para que del Egeo a los Dardanelos
los caballos se alcen sobre los cadáveres.
¿Y a nosotros qué? ¿Qué tienen que ver nuestras esposas
con una carrera de caballos?

Será raptada la mujer del emperador. Sonarán los
tambores. Ya llegan otros bárbaros.
Bárbaros que llenan las ciudades vacías, apenas altas
sobre el mar, más fuertes que la espada en
tiempos de locura.
¿Y a nosotros qué? ¿Qué tienen que ver nuestros hijos
con esta estirpe de impudicia?

Sonarán los tambores. Ya llegan otros bárbaros. Es raptada
de su casa la mujer del emperador.
Y en la casa se gesta la expedición militar que devuelva
a la favorita a la cama de su señor.

¿Y a nosotros qué? ¿Qué tienen que ver cincuenta mil
muertos con este casamiento atropellado?

¿Nacerá un Homero después de nosotros?... ¿Abrirán
las epopeyas sus puertas a todos?

ME QUERRÍAN MUERTO

Me querrían muerto para decir: Era de los nuestros, era nuestro.

He escuchado bien los pasos. Hace veinte años que resuenan en el muro de la noche. Que llegan y no abren la puerta. Pero ahora están entrando. Son tres: un poeta, un asesino, un lector. ¿Queréis un vino?, he preguntado. Bebamos, han dicho. ¿Cuándo me vais a disparar?, he preguntado. Han respondido: ¡Con calma! Han alineado los vasos y se han puesto a cantar al pueblo. He dicho: ¿Cuándo empezáis con mi asesinato? Y han dicho: Ya hemos empezado… ¿Por qué le has dado zapatos al alma? Para que camine sobre la tierra, he dicho. Y han dicho: ¿Por qué has escrito blanco el poema si es muy negra la tierra? He respondido: Porque treinta mares desembocan en mi corazón. Y han dicho: ¿Por qué te gusta tanto el vino francés? He dicho: Porque me merezco la más bella de las mujeres. ¿Cómo quieres morir? Azul como estrellas colándose por los tejados. –¿Un poco más de tinto? Han dicho: Bebamos. He dicho:

Os pediría que fuerais despacio, que me mataseis poco a poco para que escriba un último poema a la dueña de mi corazón. Pero se han reído y solo se han llevado de casa las palabras que iba a decirle a la dueña de mi corazón…

SOY JOSÉ, PADRE

Soy José, padre. Padre, mis hermanos no me quieren, no quieren que esté con ellos, padre. Me pegan, me tiran piedras y dicen cosas. Quieren que me muera para cantar mis alabanzas. Me han cerrado la puerta de casa y me han echado de las tierras. Me han envenenado las uvas, padre. Me han roto los muñecos, padre. Cuando la brisa jugueteó con mi pelo, sintieron envidia y se revolvieron contra mí y contra ti, pero yo ¿qué les he hecho, padre? Las mariposas se posaron en mis hombros, las gavillas se inclinaron ante mí, los pájaros anidaron en mis manos, pero yo ¿qué he hecho, padre, por qué yo? Tú me pusiste José, y ellos me metieron en el pozo y acusaron al lobo; el lobo tiene más piedad que mis hermanos, padre... ¡Padre! ¿Acaso ofendí yo a alguien cuando dije: «He visto once astros, el sol y la luna, los he visto postrándose ante mí»?

SI VOLVIERA A EMPEZAR

Si volviera a empezar, elegiría lo que elegí: las rosas de
la cerca.
Viajaría de nuevo por caminos que igual llevan que no
llevan a Córdoba.
Colgaría mi sombra de dos rocas para que las aves
errabundas hicieran un nido en sus ramas.
Rompería mi sombra en pos del olor a almendras de
las nubes polvorientas.
Y sufriría en las cuestas: Venid, escuchadme. Comed
de mi pan,
bebed de mi vino, no me dejéis solo en la calle de la vida
como un sauce cansado.
Yo amaría países que no conocen cantos de despedida,
que no han vertido sangre por una mujer,
amaría a mujeres apasionadas, silenciosas, que conducen
a los caballos al suicidio en el umbral.
Volvería, si tuviera que volver, a mi misma rosa y mis
mismos pasos,
pero no volvería a Córdoba.

LA ETERNIDAD DE LA CHUMBERA

¿Adónde vamos, padre?
Donde nos lleve el viento…

…Y dejaron el valle en que
los soldados de Bonaparte alzaran una atalaya con que vigilar
las sombras de la vieja muralla de Acre.
El padre le dijo a su hijo: No temas, ¡no
te asuste el silbido de las balas! Pégate
al suelo y estarás a salvo. Nos pondremos a salvo
al norte, en la sierra, y regresaremos cuando
los soldados vuelvan con los suyos, ahora tan lejos.

–¿Y quién vivirá en nuestra casa,
padre?
–Se quedará tal cual.

Tocó la llave como quien se palpa
un miembro, y se tranquilizó. Pero al atravesar
una cerca de espinos le dijo:

¡Recuérdalo! Aquí tuvieron crucificado a tu padre
los ingleses, sobre los espinos de una chumbera,
durante dos noches,
pero nunca confesó. Crecerás,
y contarás a quienes hereden sus fusiles
esta historia viva de sangre y hierro…

–¿Por qué dejamos al caballo?
–Para que haga compañía a la casa,
las casas mueren si se ausentan sus moradores.

A lo lejos, la eternidad abre sus puertas
al carro de la noche. Aúlla el lobo
de la estepa a una luna asustada. Y el padre
le dice a su hijo: ¡Sé fuerte como tu abuelo!
Trepa a mi lado, que ya es el último robledal,
y recuerda: aquí mismo, en plena batalla,
el jenízaro se cayó del caballo; aguanta conmigo,
que volveremos.

–¿Cuándo, padre?
–Mañana. O pasado.

A sus espaldas, un mañana bobo masticaba el viento
en las largas noches de invierno.
Los soldados de Josué construían

el fortín con las piedras de su casa. Y ellos
jadeaban camino de Canaán: Hijo, por aquí
pasó un día nuestro Señor. Aquí
convirtió el agua en vino. Y habló mucho
sobre el amor, recuérdalo mañana.
Y recuerda los castillos de los cruzados
roídos por la hierba de abril
una vez se marcharon los hombres de la guerra…

LA TINTA DEL CUERVO

Inhóspitos algarrobos son tu guarida.
¿Qué te quieren de nuevo, campana del ocaso
de negras resonancias? Si ya escarbaste en
el huerto de Adán para que el homicida,
en su desasosiego, escondiera a su hermano,
y te encerraste en tu negrura
cuando el muerto quedó a la intemperie
–volviste a tus asuntos tan ocupado
como el eterno ausente. Pero no,
cuervo. Espabila. Nuestra resurrección va para largo.

Sin noche para volver a soñar. Con un cielo
de una sola puerta. ¿Cómo nos ha llegado el fin
si somos nietos del origen? Solo vemos
el origen: consúmate en tu noche, sacerdote
que predicas al vacío el eco eterno que
propaga la nada de los hijos de Adán…
Se te acusa de nuestra miseria, cuervo,
tienes ante ti la sangre primera de nuestra estirpe.

Aléjate de la nueva casa de Caín /Abel
igual que se alejó el espejismo
de la tinta de tus plumas.

La noche de tu voz es mi guarida... Mi otro yo
cabalga entre las sombras y tira de mí,
yo me aferro a los cuernos del toro,
el arcano me empuja y yo lo empujo,
me levanta y lo levanto hacia una sombra que pende como
una berenjena madura. ¿Otra vez tú? ¿Qué nos quieren
de nuevo, si de tus palabras ya han robado
las mías y apoyados en las lanzas han dormido
mi siesta? Yo no era una sombra para que me siguieran
el paso. Sé, cuervo, mi segundo hermano,
yo soy Abel, y la tierra me devuelve a ti
como algarrobo, para que tú te poses en mis ramas.

En las palabras, tú y yo nos confundimos. Un libro
nos aúna. E idénticas cenizas nos cubren:
entre tanta oscuridad
solo somos dos testigos víctimas,
poemas
desnaturalizados, en tanto la devastación culmina su festín.

Lo aclara el Corán:
«Y envió Dios un cuervo, que escarbó en la tierra.

Que supiese cómo esconder el cadáver de su hermano. Y dijo:
¡Ay de mí! Siquiera soy capaz de imitar a este cuervo».
Sí, lo aclara el Corán.
Cava tú, cuervo, nuestra resurrección, y emprende el vuelo.

LAS ENSEÑANZAS DE HURIYA

I

Un día pensé en marcharme: un jilguero vino a posarse
en su mano y se quedó dormido. Con que yo acariciase
a escondidas
una dalia… ella sabía que el vino de mi copa
rebosaba. Si me dormía pronto, ella veía
claro en mi sueño, y lo velaba la noche entera;
con cuatro letras me sabía en una nueva dirección,
en una nueva cárcel, con los días
a vueltas –por ella y ante ella.

II

Hasta en la distancia, mi madre cuenta mis veinte dedos.
Me peina con bucles de su pelo dorado. Busca
en mi ropa interior mujeres extranjeras,
y remienda mis calcetines. Para ella no he crecido,

tal y como deseamos aquel día, los dos en la rampa de mármol
a punto de separarnos... con nubarrones que se cernían sobre nosotros,
también sobre la cabra que heredaría el lugar.
El exilio ha creado nuestras lenguas:
una coloquial... para que la entiendan las palomas y guarden memoria;
la otra literaria... para que yo explique a las tinieblas las tinieblas.

III

Sigo vivo en tu piélago. No me dijiste lo que
una madre a un niño enfermo. Mi enfermedad era la luna
de cobre sobre las jaimas de los beduinos. ¿Te acuerdas
de la huida al Líbano, cuando te olvidaste de mí
y de la bolsa con el pan –pan de trigo?
No grité por no alertar a los centinelas. Pero el olor del rocío
me devolvió a tus brazos, pobre gacela
sin macho ni cría...

IV

En tu mundo no hay tiempo para sentimentalismos.
Con albahaca maceraste el mediodía. Cociste para la sopa
crestas de gallo. Sé de la ruina de tu corazón, picoteado
por el pavo real tras tu segunda expulsión del paraíso.
Todo nuestro mundo cambió, como han cambiado
nuestras voces. Hasta
los saludos se vinieron abajo, como caen sobre la arena
los botones de un vestido,
sin dejar eco. Di buenos días,
dime algo que dé
fe de vida.

V

Ella es la hermana de Agar. Hermana de madre. Lloran
sus flautas a los muertos no muertos. Ignora cómo se abre
el firmamento, porque no hay tumbas junto a su jaima,
ni siquiera puede ver su jardín como espejismo,
pues detrás de mis dedos no ve el desierto.
El tiempo antiguo la espolea
hacia una broma macabra: sobre el corcel de bodas
su padre gira cual circasiano. Y su madre,

sin llorar, le cuenta a la mujer de su marido
sus penas, retorciendo sus ajorcas...

VI

Apenas un adiós en mitad de una frase.
Ella me dice: Cásate con cualquiera de fuera,
y más guapa que las chicas del barrio. Pero
no confíes en ninguna mujer, salvo en mí. No te fíes
nunca de tus recuerdos. No ardas para dar luz a tu madre,
alumbrar es su hermosa misión. No añores el encuentro
al amparo del rocío. Sé firme como el cielo. No añores
el manto de lana negro de tu abuelo, ni los mil
caprichos de tu abuela; sal al mundo como un potro
y sé quien eres dondequiera que vayas. Carga
solo con el fardo de tu corazón... Y vuelve
cuando en el país quepa tu país, cuando hayan cambiado
las cosas...

VII

Mi madre alumbra en mi espejo
las últimas estrellas de Canaán,
y arroja su chal en mi último poema.

SEGÚN SE ALEJA

El enemigo que se toma el té en nuestra cabaña
tiene una yegua en el humo. Y una hija
de cejas pobladas, ojos castaños, pelo largo
como la noche de las canciones sobre sus hombros, es su viva imagen
cuando viene y nos pide un té, pero
nunca nos cuenta lo que hace por la tarde, ni habla
de una yegua que las canciones dejaron en lo alto de la colina...

... En nuestra cabaña el enemigo descansa del fusil,
lo deja sobre la silla de mi abuelo. Come de nuestro pan
como un invitado. Echa una cabezada en
el sillón de enea. Se inclina sobre la piel
de nuestro gato. Nos dice siempre:
¡No critiquéis a la víctima!
Le preguntamos: ¿Y quién es la víctima?
–Una sangre que no seca la noche...

… Brillan los botones de su casaca según se aleja:
¡Que pase una buena tarde! Salude a nuestro pozo
y también a la higuera y a su mundo. Paséese
tranquilamente por
nuestra sombra en los campos de cebada, y salude
a nuestro ciprés allá arriba. No se deje abierta la cancela
de casa
por las noches. Ni olvide que el caballo
se asusta con los aviones.
Y salúdenos a nosotros, que también estamos allí, si tiene
tiempo…

Estas palabras que nos habría gustado
decir en el umbral… las oye muy bien, demasiado
bien, pero las sofoca con una tos repentina
y las escupe a un lado.
¿Por qué visita a la víctima cada tarde,
se sabe nuestras leyendas como nosotros,
y repite nada menos que nuestros himnos
que cantan la vuelta a la tierra sagrada?
Sin la pistola,
la flauta se mezclaría con la flauta…

… No terminará la guerra mientras para nosotros la Tierra
siga girando sobre sí misma.
Pero seamos buenos chicos. Él nos pedía

que lo fuéramos. Leía los versos
del piloto de Yeats: «No amo a los que
defiendo, como no odio
a los que combato…».
Luego salía de nuestra cabaña de madera,
y caminaba ochenta metros hasta
nuestra casa de piedra, allá, en el fondo del valle…

¡Salude a nuestra casa, forastero!
Las tazas
del café siguen en su sitio. ¿Huele
en ellas nuestros dedos? ¿Le ha dicho a su hija, la de
trenza y cejas pobladas, que tiene
un amigo desconocido,
que desea visitarla, no para nada?…
Solo para meterse en su espejo y ver su secreto:
cómo ha continuado ella los días que eran de él, después de él,
en su puesto. Salúdela
si tiene tiempo…

Estas palabras que nos hubiera gustado
decirle, las oía muy bien,
demasiado,
pero las sofocaba con una tos repentina,
las escupía a un lado, y brillaban
los botones de su casaca al alejarse…

SIN EXILIO, ¿QUIÉN SOY?

Extranjero a orillas del río, como al río… me ata
a tu nombre el agua. Nada me devuelve de mi lejanía
a mi palmera: ni la paz ni la guerra. Nada
me incorpora a los Evangelios. Nada…
Nada brilla mientras sube y baja la marea
entre el Tigris y el Nilo. Nada
me apea del bajel de Faraón. Nada
me tiene o hace que yo tenga una idea: ni la nostalgia
ni la promesa. ¿Qué haré? ¿Qué
haré sin exilio, sin una larga noche
que escrute el agua?

Me ata
a tu nombre
el agua…
Nada me lleva de las mariposas de mi sueño
a mi realidad: ni el polvo ni el fuego. ¿Qué
haré sin la rosa de Samarcanda? ¿Qué
haré en una plaza que bruñe a los rapsodas con piedras

lunares? Tú y yo nos hemos vuelto tan ligeros como
nuestros hogares
a merced de los vientos lejanos. Hemos trabado amistad
con los raros
seres que habitan las nubes… Nos hemos liberado
del peso de la tierra de la identidad. ¿Qué haremos… qué
sin exilio, sin una larga noche
que escrute el agua?

Me ata
a tu nombre
el agua…
Solo tú quedas de mí, solo
yo de ti, un extranjero que acaricia el muslo de su
extranjera: Oh
extranjera, ¿qué vamos a fabricar en esta calma
que apuramos… en esta siesta entre dos mitos?
Nada nos tiene: ni el camino ni la casa.
¿Fue este camino así desde el principio,
o acaso nuestros sueños hallaron una yegua
de los mongoles sobre la colina y nos sustituyeron?
¿Qué haré?
¿Qué
sin
exilio?

EN JERUSALÉN

En Jerusalén, esto es, intramuros,
camino de un tiempo a otro sin recuerdos
que me guíen. Allí los profetas se reparten
la historia de lo sagrado… Suben al cielo
y vuelven menos abatidos y menos tristes, pues el amor
y la paz son dos santos camino de la ciudad.
Bajo una cuesta murmurando: ¿Tanta
discrepancia por lo que dicen que dijo la luz en una piedra?
¿Por unas piedras de avara luz estallan las guerras?
Camino dormido. Entre sueños, abro bien los ojos. Nadie
detrás. Nadie delante.
Toda la luz es mía. Sigo. Me hago más ligero. Echo a volar
y me transfiguro. Las palabras
brotan como las hierbas de la boca profética
de Isaías: «No se salvará quien no creyó».
Sigo andando como si no fuera yo. Mi herida es una rosa
blanca de los Evangelios. Mis manos, dos palomas
que sobrevuelan la cruz y cargan con la Tierra.
No sigo, echo a volar, me transfiguro.

Ni tiempo ni espacio. ¿Quién soy?
Yo no soy yo ante la ascensión de Mahoma. Pero
pienso: Solo él, el Profeta,
hablaba el árabe clásico. «Y ¿qué?».
¿Cómo que y qué? De pronto, una soldado me grita:
¿Otra vez tú? ¿No te había matado?
Sí… pero, como tú, me olvidé de morir.

EL CIPRÉS SE HA PARTIDO

> El ciprés es la pena del árbol,
> no el árbol, no tiene sombra porque es la
> sombra del árbol.
>
> BASSAM HAYYAR

El ciprés se ha partido como un alminar, y duerme
en el camino sobre su austera sombra, verde, oscuro,
como es él. No ha habido heridos. Los
coches han cruzado raudos sobre sus ramas. El polvo ha
cubierto
los cristales… / El ciprés se ha partido, pero
la paloma no muda su nido público en la casa
de al lado. Dos aves migratorias han sobrevolado
el lugar haciéndose señas.
Una mujer le ha dicho a su vecina: Entonces, ¿ha sido
una tormenta?
No, ni un buldócer… / Pero el ciprés

se ha partido. Los que pasaban entre los escombros han
dicho:
Estaría harto de tanto abandono, o sería demasiado
viejo, pues era alto como una jirafa, y de tan poca
enjundia como una escoba, ni sombra daba a los
enamorados.
Un niño ha dicho: Lo he dibujado sin un fallo,
tiene una forma muy fácil. Y una niña: Hoy
al cielo le falta algo porque el ciprés se ha partido.
Un joven ha dicho: Hoy el cielo está entero
porque el ciprés se ha partido. Y yo me he dicho:
Nada es abstruso o claro,
el ciprés se ha partido, no hay
más: se ha partido.

ÉL ESTÁ TRANQUILO, YO TAMBIÉN

Él está tranquilo, yo también
sorbe un té con limón,
bebo un café,
es lo único que nos distingue.
Él lleva, como yo, una camisa holgada a rayas,
yo hojeo, como él, los periódicos de la tarde.
Él no me ve cuando miro de reojo,
yo no le veo cuando mira de reojo,
él está tranquilo, yo también.
Pregunta algo al camarero,
pregunto algo al camarero...
Una gata negra pasa entre nosotros,
acaricio su noche
acaricia su noche...
Yo no le digo: Hace bueno,
está despejado.
Él no me dice: Hace bueno.
Él es el observado y el observador
yo soy el observado y el observador.

Muevo la pierna izquierda
mueve la pierna derecha.
Tarareo una canción,
tararea una canción parecida.
Pienso: ¿Es el espejo en que me veo?

Entonces le miro a los ojos,
pero no le veo…
Abandono el café aprisa.
Pienso: Quizá sea un asesino, o quizá
uno que habrá pensado que yo soy un asesino.

Él tiene miedo, ¡y yo también!

CON SU AUSENCIA FORMÉ SU IMAGEN

Con su ausencia formé su imagen: en lo terrenal nace
lo celestial oculto. Aquí estoy, midiendo
con las *muallaqas* de los yahilíes la distancia... y la ausencia es
la medida, la medida. Para cada rima he levantado
una jaima. Para cada cosa expuesta al viento
una rima. La ausencia me enseña su lección: «De no haber
sido
por el espejismo, no habrías resistido...». En el vacío,
extraje una letra de antiguos alfabetos
y me apoyé en la ausencia. ¿Quién soy después
de la visita? ¿Un pájaro o un transeúnte entre símbolos
y vendedores de recuerdos? Como un resto arqueológico,
como un espectro infiltrado de Jebús, me dije:
Vayamos a las siete colinas. Dejé
mi máscara sobre una piedra y eché a andar como caminan
los soñadores, guiado por mi sueño. Salté de una luna
a otra. Aquí hay inconsciente de sobra
para que los objetos se liberen de su historia. Hay
historia de sobra para que el inconsciente se libere

de su *mirach*. «Llévame a nuestros años
primeros –me dijo mi primera novia–. Deja
la ventana abierta para que el gorrión entre
en tu sueño…». Me despierto y no hay ciudad
en la ciudad. No hay «aquí» sino «allí». No hay
allí salvo aquí. De no haber sido por el espejismo
no habría ido a las siete colinas…
¡De no haber sido por el espejismo!

EN UN DÍA COMO ESTE

En un día como este, junto
a una iglesia, en un esplendor del todo femenino,
en un año bisiesto, donde se encuentran, esta mañana,
el verde eterno y el azul marino, donde
se encuentran la forma y el contenido, lo tangible y lo
místico,
bajo un espeso emparrado, a la sombra de un gorrión
que aguza la imagen del sentido, en un lugar
sentimental /
hallaré mi fin y mi comienzo
y les diré: ¡Malditos! Llevadme y dejad
el corazón de la verdad a punto para las hienas
hambrientas.
Digo: No soy ni ciudadano
ni refugiado.
Solo quiero una cosa, nada más,
solo una:
una muerte sencilla, apacible,
en un día como este,

junto a las azucenas,
que me compense poco o mucho
de una vida que he contado
en minutos
o en exilios.
Lo que quiero es morir en este jardín
¡ni más ni menos!

PARA DESCRIBIR LA FLOR DEL ALMENDRO

Para describir la flor del almendro, no hay
enciclopedia de botánica
que valga, ni diccionario alguno...
El lenguaje me atrapará en las redes de la retórica /
y la retórica hiere el sentido y loa la herida,
como el macho que dicta a la hembra los sentimientos /
Si yo soy eco,
¿cómo habrá de irradiar de mi lengua la flor del almendro?
Es...
Transparente, como la risa acuática
del tímido rocío en las ramas...
Leve, como una frase blanca melodiosa...
Frágil, como el instante en que una idea
se asoma a nuestros dedos
y en vano la escribimos...
Densa, como un verso que no se anota
con letras /
Para describir la flor del almendro he de visitar
el inconsciente y que me guíe al léxico de un sentimiento

prendido de los árboles. ¿Cómo decirla?
¿Cómo se nombra esto en la poética de la nada?
He de rebasar la pesantez y el lenguaje
para sentir ligeras las palabras
cuando se tornan
un perfil susurrante, que yo las sea y ellas me sean
blancas transparentes /
Ni patria ni exilio son las palabras,
sino blanco-pasión para describir la flor del almendro /
Ni nieve ni algodón / Pero qué es ella,
que desdeña las cosas y los nombres.
Si lograse el autor combinar unas sílabas
que describieran la flor del almendro, se levantaría la niebla
de las colinas y un pueblo diría al unísono:
Ya está /
¡Esta es la letra
de nuestro himno nacional!

COMO UN PEQUEÑO CAFÉ ES EL AMOR

Como un pequeño café en la calle de los forasteros –
así es el amor… con las puertas abiertas a todos.
Como un café a rebosar o desierto según haga:
cuanto más llueve, más parroquianos,
si hace bueno, escasean y se aburren…
Aquí me tienes –oh forastera–, sentado en mi rincón.
(¿De qué color tienes los ojos? ¿Cómo te llamas? Estoy sentado
esperándote. ¿Cómo te abordaré cuando
pases a mi lado?).
Un pequeño café es el amor. Pido dos copas
de vino y bebo a mi salud y a la tuya. He traído
dos sombreros y un paraguas. Está lloviendo.
Llueve más que ningún día, pero tú no entras.
Acabo por decirme: Quizá a la
que espero me ha estado esperando… o ha estado esperando
a otro –nos ha esperado y no nos ha reconocido–
y se ha dicho: Aquí estoy, esperándote.

(¿De qué color tienes los ojos? ¿Qué vino te gusta?
¿Cómo te llamas? ¿Cómo te abordaré cuando
pases por delante de mí?).

Como un pequeño café es el amor…

PIENSA EN LOS OTROS

Tú que te haces el desayuno, piensa en los otros
(no olvides alimentar a las palomas)

Tú que te enzarzas en tus batallas, piensa en los otros
(no olvides a los que piden paz)

Tú que pagas la factura del agua, piensa en los otros
(los que maman de las nubes)

Tú que vuelves a casa, a tu casa, piensa en los otros
(no olvides al pueblo de los campamentos)

Tú que te duermes contando estrellas, piensa en los otros
(hay quien no halla dónde dormir)

Tú que te liberas con las metáforas, piensa en los otros
(los que han perdido su derecho a la palabra)

Tú que piensas en los otros lejanos, piensa en ti
(di: Ojalá fuese vela en la oscuridad)

HOY… EN EL EXILIO

Hoy, en el exilio… sí, en casa,
a los sesenta de una vida veloz,
te encienden las velas.

Alégrate, tampoco mucho,
porque una muerte estúpida está atrapada en pleno
atasco
de camino hacia ti… y te ha dado una prórroga.

Una luna que curiosea entre los escombros
se ríe como un bobo,
mas no creas que viene a tu encuentro.
Ella, viejo es su oficio, igual que este nuevo
marzo… ha devuelto a los árboles los nombres de la
nostalgia,
y se ha olvidado de ti.

Celebra pues con tus amigos que se rompa la copa.
A los sesenta ya no has de hallar ningún mañana

que cargar a hombros de los himnos… ni que cargue
contigo.

Dile a la vida, como le cuadra a un poeta con experiencia:
Ve despacio, como las mujeres seguras de su magia
y sus encantos. Cada una tiene su secreta llamada:
¡Acércate! / ¡Qué bello eres!

Ve despacio, oh vida, que yo te vea
con todos tus defectos. ¡Me he olvidado tanto de ti
en tu océano buscándome y buscándote! Y cada vez que
descubría
uno de tus secretos, me decías, cruel: ¡Qué necio eres!

Dile a la ausencia: Me has menoscabado,
mas yo me he hecho presente… ¡para cumplirte!

LA NIÑA / EL GRITO

En la orilla del mar hay una niña. La niña tiene una
familia.
La familia una casa. La casa, dos ventanas y una puerta…
En el mar hay un acorazado que se entretiene
cazando a los paseantes de la orilla:
cuatro, cinco, siete
caen en la arena. La niña se salva por poco.
Una mano de niebla,
cierta mano divina, acude en su auxilio. Ella llama: ¡Papá,
papá! ¡Levanta, vamos, que el mar no es para nosotros!
No responde su padre, caído sobre su sombra
a merced de la ausencia.

Sangre en las palmeras, sangre en las nubes.

La lleva su voz en volandas, la alza y aleja
de la orilla. Ella grita en la noche desierta.
El eco no tiene eco. Ella
se convierte en el grito eterno

de una noticia urgente, que deja de ser urgente
cuando
vuelven los aviones y bombardean una casa
¡con dos ventanas y una puerta!

EL MURO

Una enorme serpiente metálica nos estrangula. Engulle los pequeños muros que separan nuestros dormitorios, el baño, la cocina, el salón. Serpentea, en nada parecida a nuestras miradas al frente. Sube y baja, pesadilla fabricada con bloques de cemento y hierros dúctiles... con los que repta por los retazos de horizonte y las matas de menta que nos quedan. Una serpiente que busca poner sus huevos entre nuestras inspiraciones y nuestras espiraciones, para que de una vez digamos: Es tanta nuestra asfixia, que nosotros somos los forasteros. Nos miramos al espejo y lo único que vemos es que la serpiente acecha nuestro cuello. Pero forzando la vista logramos mirar por encima: el cielo, que los ingenieros han llenado de banderines y fusiles, bosteza de hastío. Y por la noche titila cuajado de estrellas que nos observan con simpatía. Vemos también, tras el muro serpiente, a los guardianes del gueto, temerosos de nuestra vida tras los pequeños muros que nos han dejado... Engrasan las armas con que matar al fénix que, creen ellos, se esconde entre nosotros, en un gallinero. Y lo único que nos queda es reírnos…

EL ENEMIGO

Estaba allí hace un mes. Estaba allí hace un año. Siempre he estado allí. Como si no hubiera estado sino allí. En el año 82 del siglo pasado ya nos sucedió algo de lo que nos está pasando ahora. Nos sitiaron, nos mataron y nos resistimos al infierno que ponían a nuestros pies. Los caídos / los muertos no se parecen. Cada uno tiene sus rasgos propios, su propia talla, unos ojos, un nombre y una edad diferentes. Son los asesinos los que se parecen. Son el mismo, repartido en artefactos metálicos. Apretando botones electrónicos. Mata y desaparece. Nos ve y no le vemos, no porque sea un fantasma, sino porque es una máscara de acero imperturbable... sin rasgos, sin ojos, sin edad, sin nombre. Él... él es el que ha elegido tener un solo nombre: el enemigo.

EL VERSO ESENCIAL

Lo que le falta al poema, y no sabemos qué es, es su secreto más radiante. A eso, a lo que le falta, le llamamos «el verso esencial».

Cuando el poema, antes de escribirse, está claro en la mente del poeta del primer al último verso, el poeta se convierte en cartero, y la imaginación en bicicleta.

El camino al significado, por largo y laberíntico que sea, es el viaje del poeta. Si se extravía en las sombras, se orienta de nuevo.

¿Qué es el significado? No lo sé. Pero atisbo su contrario: conformarse con la nada.

El dolor no es un don, es una prueba: o te vence o lo vences.

La poesía bella... es un acto de resistencia.

Acervo vivo es el que se escribe hoy... y mañana.

Un gran poeta es el que me hace pequeño cuando escribo... y grande cuando lo leo.

Camino entre Homero, Al-Mutanabbi, Shakespeare... y me tropiezo como un camarero novato en una recepción real.

La nube en la imaginación del poeta... es una idea.

La poesía... ¿qué es? Aquello que, una vez leído o escuchado, nos hace exclamar: ¡Esto es poesía! Sin necesidad de pruebas.

Papel certificado por el Forest Stewardship Council®

MIXTO
Papel | Apoyando la silvicultura responsable
FSC® C117695
FSC www.fsc.org

Penguin Random House Grupo Editorial

Primera edición: septiembre de 2024
Primera reimpresión: noviembre de 2025

Printed in Spain – Impreso en España

ISBN: 978-84-397-4401-6
Depósito legal: B-10.382-2024

Compuesto en La Nueva Edimac, S. L.
Impreso en Liber Digital, S. L. (Casarrubuelos, Madrid)

RH 4 4 0 1 6